DÉTAIL

DU

COMBAT NAVAL

Qui a eu lieu le 14 Thermidor an VI, entre l'Escadre française aux ordres de l'Amiral BRUEIS, et l'Escadre anglaise aux ordres de l'Amiral NELSON, dans la rade des Beckiers.

LA vérité est une ; un Républicain ne peut ni ne doit la taire : je la dirai toute, malgré l'intérêt qu'auraient certains hommes de laisser enveloppe d'un voile épais, le Combat naval des Beckiers, dont les résultats désastreux sont l'ouvrage de la lâcheté, de l'impéritie des chefs, et de la trahison.

La flotte française aux ordres du vice-amiral Brueis, des contre-amiraux Blanquet-Duchayla, Villeneuve, Decrest, partit de Toulon le 30 floréal , et arriva le 13 messidor devant Alexandrie. Sur l'avis qui fut donné , que l'escadre anglaise s'y était présentée deux jours avant , et qu'on avait insinué aux Turcs, que les Français venaient dans l'intention de faire une descente en Egypte , le vice-amiral Brueis fit signal de se préparer au combat , en faisant embossure NE et SO : première sotise , puisque la flotte française , qui, d'après l'apparition des Anglais , devait rester à la voile , mouilla sans ordres , contre toutes les règles de la tactique , de la prudence et du sens commun , en pleine mer, sur des rochers inconnus, au risque de perdre ancres et cables.

Cependant la descente s'effectua sans obstacles à l'ouest d'Alexandrie ; et le 14 messidor , cette ville fut au pouvoir des Français. Le 15 , tous les bâtimens du convoi entrèrent dans le port vieux. Bonaparte témoigna à Brueis son desir que toute l'escadre y entrât. Ce dernier , qui cherchait l'occasion de se soustraire aux ordres de Bonaparte , ne voulant pas néanmoins heurter son opinion , fit mesurer l'entrée du port et en fit sonder la profondeur. Ceux qui furent chargés de cette opération , rapportèrent que la passe du port , dans sa partie la plus étroite , était d'un demi-cable, qu'il y avoit cinq brasses et demie d'eau de profondeur (vingt-huit pieds) , et que le vaisseau l'*Orient* pouvait être mis à vingt-trois pieds de son tirant d'eau : cela suffisait. Sur ce rapport , l'amiral convoqua tous les officiers commandant , pour décider s'il y avait possibilité de faire entrer l'escadre dans le port vieux. Comme le chef avait insinué d'avance la négative, elle prévalut, et il fut décidé qu'on n'y entreroit pas ; et ce qu'il y a de plus curieux, c'est que, pendant que les généraux provoquaient cette décision, ils promettaient un grade supérieur à celui qui se chargerait de faire entrer l'escadre dans le port vieux : et le général rebuta ensuite qui voulut s'en charger.

Brucis, qui n'avait pas voulu faire entrer l'escadre dans le port, malgré la possibilité démontrée, alla mouiller aux Beckiers, rade découverte assez bonne en été.

On ne peut attribuer l'obstination des généraux de la marine à n'entrer dans le port, qu'à leur humiliation prétendue par la morgue, d'être sous les ordres de Bonaparte ; mais, du moment qu'il fut décidé que l'escadre n'entrerait pas dans le port, pourquoi ne pas retourner à Toulon, à Corfoux, ou tenir la mer, prêt à recevoir l'ennemi ? Puisqu'on était assuré qu'il était dans la Méditerranée, on devait s'attendre à être attaqué ; et c'était positivement ce qu'il fallait éviter.

La vérité est, qu'on pouvait faire entrer l'escadre dans le port vieux ; et qu'en supposant qu'on craignît de toucher, on pouvait user des moyens connus : établir des balises avec des bâtimens démâtés, et mouiller sur chaque côté de la passe. Avec ces précautions, le vaisseau gouvernant mal, serait, par son choc contre les balises, renti d'autant plus sûrement dans sa véritable route, que le vent était constamment favorable à cette opération. D'ailleurs, pourquoi cette offre d'un grade supérieur à l'officier qui se chargerait de l'entrée de l'escadre dans le port d'Alexandrie ? Ou elle était praticable, ou elle ne l'était pas. Dans le premier cas, les chefs devaient l'exécuter, et sont coupables de ne l'avoir pas fait. Dans le second, pourquoi confier le sort de notre escadre à l'ambition d'un homme, si la chose était jugée impossible ? N'était-ce pas pour avoir sujet de rejeter sur quelque subalterne, une pareille sotise, en cas de recherche ?

On ne peut se défendre des soupçons, quand on considère que les généraux de la marine, après s'être obliquement opposés à l'entrée dans le port vieux, n'ont pris aucune mesure indiquée par l'art pour s'embosser dans la rade des Beckiers. Ces mesures étaient, 1°. de mouiller le vaisseau de tête sur les bancs, une ancre d'avant et une d'arrière, l'escadre formant l'angle obtus, la pointe de l'angle ouest, les vaisseaux beauprés sur poupe. 2°. D'établir une batterie de 12 pièces de 36, sur l'île qui aurait défendu la tête de notre ligne. 3°. Pour serrer tout-à-fait la ligne, il fallait placer les vaisseaux *le Causse* et *le Dubois*, qui étaient à Alexandrie, en tête de la ligne, par les 3 brasses et demie, à quatre d'eau. 4°. Completter les équipages des vaisseaux avec ceux du convoi devenus inutiles, qui étaient dans le port : ces précautions eussent empêché une partie des malheurs où nous a plongés la sotise de rester au mouillage, et d'y attendre l'ennemi ; car, pour attaquer, il eût dû renoncer au précieux avantage du vent, qui est à la même partie depuis prairial jusqu'en vendémiaire. A toutes ces mesures, ou pouvait ajouter celle de faire placer des frégates de 44 canons, pour empêcher d'être doubles par la tête et par la queue, et d'être mis entre deux feux.

Au lieu de tout cela, la ligne fut formée NO. et SE., formant une ligne courbe, la pointe nord, ayant une ancre de poste-tribord au NO, avec un croupia, et une ancre âgée babord à LO. SO., distans d'un vaisseau à l'autre 2|3 de cables de l'île 12 et des bancs, sur la pointe desquels nous aurions dû être mouillés quatre.

L'escadre ayant mouillé aux Beckiers sans ordre, le vice-amiral ordonna que le vaisseau *le Guerrier* formât la tête de la ligne. A cet effet, ce vaisseau, qui se trouvait par son poste à l'arrière-garde, appareilla, et fut mouiller en tête des bancs, par les cinq brasses et demie d'eau, distant 3 cables du *Conquérant*, qui était devenu, par la nouvelle disposition du général, son matelot.

Ensuite, il fut ordonné que *le Guerrier* se repliât sur *le Conquérant*. Le capitaine du premier, voyant que bien que près de terre, il avait encore de l'évitage, en fit avertir le vice-amiral, par un officier ; et sur ce qu'on ne révoquait pas l'ordre de culer, il alla lui-même représenter au vice-amiral, l'importance du poste qu'il occupait. Mais l'ordre fut irrévocable ; et le vaisseau *le Guerrier* fut obligé de se replier de deux encablures et demie.

Telle était la misérable position de l'escadre mouillée aux Beckiers, au nombre de 13 vaisseaux de ligne, 4 frégates, 2 bombardes et 2 corvettes : l'armée ayant en tout, 1216 pièces de canon.

Le 14 thermidor an 6, à deux heures après midi, nous avons apperçu l'armée ennemie, forte de 14 vaisseaux, une corvette, et ayant 1,032 pièces de canon. A deux heures et demie, le vice-amiral fit le signal d'envoyer haut les perroquets, et celui de se préparer au combat. A trois heures, il fit signal, que son intention était de combattre à l'ancre. A 3 heures et quart, signal aux bricks *l'Alerte* et le *Railleur* d'appareiller, et à l'un d'eux de passer à poupe : ce qu'ils exécutèrent. Ils mirent sous voile, et poussèrent différentes bordées, pour aller en découverte. A 4 heures, un de nos bricks était à la portée du canon de 36, avec celui de l'ennemi ; et à celle de 8 d'une germe, bâtiment du pays, qui paraissait attendre les Anglais. Notre brick lui tira plusieurs coups de canon, pour la faire arriver. Elle tint le vent, et n'arriva que lorsque la tête de l'armée ennemie fut près d'elle. Alors elle fit route en avant des Anglais, jusqu'aux bancs qui leur fallait doubler, pour attaquer la tête de notre ligne. A 4 heures, le général fit dire à la voix, d'amener tous les pavillons. L'ennemi était alors nord et sud avec notre tête, et faisait route sur nous.

Après qu'il eut doublé les bancs qui nous restaient au NE., lesquels lui furent indiqués par la susdite germe, qui lui servit de pilote, il vira lof pour lof, et dirigea pour doubler notre tête. Le premier vaisseau anglais la longea tribord à la portée du fusil. Un second vaisseau fit la même évolution ; et lorsqu'ils furent, l'un par la hanche babord-d'avant, et l'autre par la hanche tribord-d'avant du vaisseau de tête, à la portée du pistolet, le général fit le signal de faire feu : ce qui fut exécuté. Ces 2 vaisseaux se portèrent, 1 par la hanche babord-d'arrière, et l'autre par la hanche babord-d'avant du vaisseau de tête, ayant mouillé 1 grosse ancre par le sabord de la Sainte-Barbe babord, et un croupia à l'écubier du même bord, présentant leurs travers aux hanches du *Guerrier*.

Un troisième vaisseau ennemi, destiné à attaquer la tête, échoua sur les bancs qui étaient au nord.

Un quatrième vaisseau ennemi, le dernier de sa ligne, vint prendre poste, par la même évolution, entre le *Guerrier* et le *Conquérant*, présentant son côté babord à l'arrière du *Guerrier*, et tribord à l'avant du *Conquérant*.

Les autres vaisseaux ennemis se postèrent de la même manière jusqu'au *Tonnant*, qui était le huitième de notre ligne. Engagés de cette manière, le vaisseau *le Conquérant* se battit jusqu'à 8 heures et demie ; l'*Aquilon*, *le Spartiate*, *le Guerrier* et *le Peuple-Souverain*, jusqu'à 9 heures et quart; et *le Franklin*, jusqu'à 9 heures et demie.

A 9 heures 3|4, le vaisseau *l'Orient* prit feu, au moment qu'il faisait amener un vaisseau anglais, *le Bélerophon*; mais les flammes ayant gagné des batteries, le faux-pont, il fit son explosion.

Pendant tout ce temps, les généraux Villeneuve et Decrest furent, avec 5 vaisseaux, 2 frégates de 44 canons et une de 36, spectateurs passifs du combat. A l'époque du feu de l'*Orient*, les vaisseaux de l'arrière-garde coupèrent leurs cables : ils se tirèrent, par méprise, quelques bordées entre eux ; et les vaisseaux *l'Heureux* et *le Mercure*, au lieu d'abattre au large, abattirent du côté de terre et s'échouèrent.

Au jour, cinq de nos vaisseaux, *l'Heureux*, *le Mercure*, *le Généreux*, *le Timoléon* et *le Guillaume-Tell*, les frégates *la Diane*, *la Justice* et *l'Arthemise*, avaient tous encore leurs mâtures et le pavillon tricolor, ainsi que *le Tonnant*, quoique dépourvu de tous ses mâts. Les vaisseaux *le Guerrier*, *le Conquérant*, *l'Aquilon* et *le Peuple-Souverain*, étaient tous démâtés. Au *Spartiate*, il lui restait le mât de mizaine ; et au *Franklin*, celui de mizaine, ses mâts d'hune et de perroquet, le bas mât d'artimont et celui de beaupré. La frégate la *Serieuse* avait été coulée bas par l'ennemi, et étaient tous à son pouvoir. L'ennemi avait un vaisseau, *le Bélerophon*, démâté de tous ses mâts; et six autres, ayant quelques pièces de leurs mâtures et gréemens intéressés : les 6 autres n'avaient presque pas de mal.

A 8 heures, nos vaisseaux *le Guillaume-Tell*, *le Généreux*, *le Timoléon*, les frégates *la Diane* et *la Justice*, appareillèrent. Les deux premiers et les frégates prirent leur bordée au large : *le Timoléon* mit le cap au SE., et s'échoua.

Le vaisseau anglais *le Zélé*, qui était resté à la tête de notre ligne, appareilla ; et les ayant dépassés, vira de bord et vint à leur rencontre : ils se lâchèrent, de part et d'autre, leurs bordées du même bord. L'anglais revint mouiller ; et à midi, nos vaisseaux et nos deux frégates étaient hors de vue.

Les Anglais sommèrent le capitaine du *Timoléon* de se rendre. Il y consentit, à la condition qu'on lui fournirait un parlementaire, pour transporter lui et son équipage en France. Sur le refus de l'ennemi, il fit sauver son équipage à terre, et mit le feu à son vaisseau.

L'Heureux et *le Mercure*, qui s'étaient échoués pendant la nuit, se rendirent aux Anglais sans conditions, étant tout géer. Les Anglais les ont brûlés.

Ainsi, de 13 vaisseaux, 4 frégates et deux bombardes, six vaisseaux furent pris, deux furent brûlés par l'évènement du combat, un par son capitaine et deux par les Anglais. De quatre frégates, la *Sérieuse* fut coulée, l'*Arthemise* brûlée par son capitaine, après que, sans y être contraint, il eut amené son pavillon.

Les généraux ont pu faire entrer l'escadre au port vieux et ne l'ont pas voulu. Le vice-amiral, après que l'armée de terre se fut emparée du Grand-Caire, devait et pouvait retourner à Toulon ou à Corfou sans craindre de rencontrer les Anglais, en ce que, par les brises qui règnent depuis prairial jusqu'en vendémiaire, eux auraient eu vent arrière, tandis que nous aurions été obligés de louvoyer. Ce qui vient à l'appui de ce que j'avance, c'est que les Anglais, ayant eu 2 jours devant nous, n'ont pu nous voir avec un convoi immense, si mal mené, qu'il tenoit la moitié de la mer : au reste, le pis eût été de les rencontrer ; et si l'on eût fait son devoir, jamais il ne pouvait résulter de leur rencontre, rien de semblable à la déconfiture honteuse des Beckiers.

Les généraux, après avoir mouillé aux Beckiers, ont eu un mois pour s'y embosser, et ont négligé de le faire ; mais encore le général en chef s'est opposé à ce que le *Guerrier* gardât son premier poste : l'expérience a démontré que, s'il l'eût gardé, les Anglais, pour attaquer la tête, auraient eu trois vaisseaux échoués au lieu d'un ; et encore, dans aucun cas, n'auraient-ils pu doubler notre armée au vent. Se fussent-ils résolus à attaquer la queue ; la tête n'aurait eu qu'à couper ses cables pour mettre l'ennemi entre deux feux, ou à l'obliger à s'échouer.

Les généraux pouvaient, quand l'ennemi fut à demi-portée, faire commencer le feu, selon que le demandaient les équipages, avec d'autant plus de raison, qu'on eût couru la chance de les dégréer, de faire engorger sa ligne au point de le faire échouer, ou du moins lui faire manquer son but d'attaquer la tête : les capitaines se refusèrent à cet élan des équipages, sur ce que les généraux n'en donnaient point le signal ; et en attendant qu'ils s'avisassent de le faire, l'ennemi se portait où bon lui semblait, sans essuyer opposition de notre part, quoiqu'à la portée du pistolet.

Le premier sentiment de nos équipages fut l'indignation ; il en résulta la confusion ; et de la confusion, qu'ils obéirent aussi mal qu'ils furent commandés. Il en était autrement de l'ennemi, par la bonne position que nous lui avions laissé prendre ; la nôtre était devenue si mauvaise, que nos vaisseaux, dans 4 heures et demie de combat, avaient à peine tiré 300 coups de canon, tandis que l'ennemi nous criblait.

Jusqu'au 14 thermidor à 2 heures, que les deux armées s'apperçurent respectivement, l'ennemi pouvait avoir ignoré si, maîtres d'entrer dans le port vieux, ou de retourner à Toulon ou à Corfou, nous avions préféré rester dehors ; si, maîtres de nous embosser, nous avions simplement mouillé : ce qu'il y a de certain, c'est qu'à l'apparition des Anglais, une germe (barque du pays d'Alexandrie) partit pour aller les informer de tout ce qu'il leur importait de savoir ; et ils surent en profiter , car cette même germe fit route avec eux : ce fut elle qui les conduisit lorsqu'ils vinrent occuper le vide que nous avions laissé entre la terre et nous. Cette germe était montée par des officiers français attachés à l'expédition ; le citoyen Syeyes , consul général de la République à Naples , a leur nom.

Depuis 2 heures jusqu'à 6 que nous nous laissâmes assaillir, on aurait pu appeler tous les capitaines et tenir un conseil de guerre ; au lieu de cela, on s'amusait sur les vaisseaux généraux à distribuer du ris qu'on avait reçu de Rosseto. Enfin les vaisseaux ont été attaqués qu'ils avaient leurs équipages occupés au palant détay pour hisser le ris , etc. ; lorsqu'ils auraient dû être aux batteries et faire feu sur l'ennemi. Bref , la déroute était complette avant que le combat ait commencé.

C'était sur-tout sur le vaisseau amiral que régnait le plus de désordre et d'insouciance ; on était assailli , qu'on ne semblait pas même prévoir une action ; il y avait une heure qu'elle était commencée , que son branle-bas n'était pas fait : la preuve authentique de cela , c'est que l'incendie de l'Amiral n'a été occasionné que par les sceaux de peinture et d'huile de lin qu'on avait laissé sur le pont pendant le combat.

Telle est la vérité des faits ; le ministre de la marine aura sans doute mis sous les yeux du directoire tous les rapports qui lui seront parvenus. Il faut conclure de tous ces détails , qu'il y a eu dans cette malheureuse affaire , au moins impéritie et lâcheté de la part des chefs , de ces hommes qui , regrettant le régime monarchique , cherchent à avilir et à détruire notre marine , pour en regeter l'odieux sur les braves officiers qui ne doivent point leurs grades au hasard de la naissance , mais à leurs talens , à leur bravoure et à leur civisme.

Qu'on se rappelle que depuis 5 ans , toutes nos flottes ont été commandées par les *Truguet* , les *Trogolffs* , les *Villaret - Joyeuse* , les *Blanquet-Duchayla* , les *Villeneuve* , les *Decrest* , les *Lelarge* , etc. , etc. ; par ces hommes qui étaient la crasse de l'ancienne marine , qu'ils en ont conservé néanmoins toute la morgue , et non les talens ni l'honneur : depuis leur funeste empire , cinquante de nos plus beaux vaisseaux sont tombés au pouvoir des Anglais.

Cependant, que nos féroces ennemis sachent qu'il nous reste des ressources pour rétablir notre marine , et que le gouvernement saura les mettre à profit ; il rejettera ces conseillers flatteurs et perfides qui ne voient qu'obstacles et péril , lorsqu'il s'agit de battre les esclaves des rois ; il prendra , à l'égard de la marine , les mêmes moyens qu'il a pris pour nos armées de terre ; et , si celles-ci ont produit les Bonaparte , les Marceau , les Hoche , les Jourdan , et tous les héros dont la longue nomenclature passera à la postérité ; celle-là produira encore des *Jeanbart* , des *Duguaytrouin*. Pour se convaincre de ce que j'avance, qu'on jette un coup-d'œil sur les glorieux combats du *Vengeur*, du *Censeur* et du *Ça-ira*; on y verra les marins, préférer la mort au joug des féroces Anglais : (mais des républicains commandaient ces vaisseaux.) Ne vient-on pas tout récemment de voir ce que peut la valeur républicaine, dans la conduite de Richer, commandant une corvette qui a enlevé à l'abordage la frégate anglaise l'*Embuscade* : il n'est point de la caste noble, ce brave officier.

Les moyens pour y parvenir, sont une bonne organisation ; un code pénal rigide, capable de rétablir la discipline ; la suppression à bord des vaisseaux, de plusieurs hommes inutiles et dispendieux ; enfin une telle responsabilité pour tout officier-commandant qui perdra son vaisseau, qu'il soit toujours obligé d'en rendre compte à un conseil martial ; et que le capitaine d'un bâtiment de la République , soit, à l'égard de son vaisseau, ce que l'ame est au corps. Ces dispositions valent mieux que la guerre à mort déclarée aux Anglais, avec de telles mesures, les marins, à l'exemple des braves armées de terre, montreront à l'univers qu'ils n'ont pas renoncé à vaincre.

A C H A R D ,

Lieutenant de Vaisseau.

De l'Imprimerie de Baillio, place du Palais-Égalité , au coin de la rue Fromenteau , N°. 1,